EDIÇÕES BESTBOLSO

Carta ao rei D. Manuel

Pero Vaz de Caminha (1450-1500) foi um escritor português, mais conhecido por ter sido nomeado escrivão da feitoria que seria fundada em Calecute, motivo pelo qual estava na frota comandada por Pedro Álvares Cabral. Filho de um escrivão, foi alfabetizado e orientado pelo pai a seguir a mesma profissão. Em 1497 foi eleito vereador na cidade do Porto.

Rubem Braga (1913–1990), considerado por muitos o maior cronista brasileiro desde Machado de Assis, nasceu no Espírito Santo e começou a trabalhar em jornal ainda estudante, assinando diariamente uma crônica no *Diário da Tarde* de Belo Horizonte. Seu primeiro livro, *O conde e o passarinho,* foi publicado em 1936, quando o autor tinha 22 anos. Como jornalista, Braga exerceu as funções de repórter, redator, editor e cronista em jornais e revistas do Rio de Janeiro, São Paulo, Belo Horizonte, Porto Alegre e Recife. Como escritor, teve a característica singular de ser o único autor nacional de primeira linha a se tornar célebre exclusivamente por meio da crônica. De Rubem Braga, a BestBolso já publicou *50 crônicas escolhidas* e *Ai de ti, Copacabana.*

Pero Vaz de Caminha

Carta ao rei
D. Manuel

Versão para o português moderno de
RUBEM BRAGA

Ilustrações de
MAURÍCIO VENEZA

1ª edição

EDIÇÕES
BestBolso

RIO DE JANEIRO – 2015

CIP-BRASIL. CATALOGAÇÃO NA FONTE
SINDICATO NACIONAL DOS EDITORES DE LIVROS, RJ

       Caminha, Pero Vaz de, 1450?-1500
C191c   Carta ao rei D. Manuel / Pero Vaz de Caminha;
       versão moderna de Rubem Braga; ilustrações Maurício Veneza. –
       1ª ed. – Rio de Janeiro: BestBolso, 2015.
        il. 12×18cm

       Transcrição original
       ISBN 978-85-7799-469-4

       1. Brasil – História – Descobrimentos, 1500- – Fontes.
       2. América – Narrativas anteriores a 1600. I. Braga, Rubem.
       II. Veneza, Maurício. III. Título.

                                            CDD: 981.01
14-18403   CDU: 94(81)

Copyright © Rubem Braga.
Copyright © 1968, 1981, 2015 Roberto Seljan Braga.
Carta ao rei D. Manuel, de autoria de Pero Vaz de Caminha.
Título número 393 das Edições BestBolso.
Primeira edição impressa em fevereiro de 2015.
Texto revisado conforme o Acordo Ortográfico da Língua Portuguesa.
Publicado originalmente pela Editora Record com o título *Carta a el Rey Dom Manuel*.

www.edicoesbestbolso.com.br

Design de capa: Carolina Vaz sobre imagem "O batel de Nicolau Coelho.
Primeiras relações com os aborígenes".

Todos os direitos desta edição reservados a Edições BestBolso um selo da Editora Best Seller Ltda. Rua Argentina 171 – 20921-380 – Rio de Janeiro, RJ – Tel.: 2585-2000.

Impresso no Brasil

ISBN 978-85-7799-469-4

Sumário

Explicação necessária ao entendimento
   da Carta   7

Parte 1: Versão contemporânea de
   Rubem Braga   11

Parte 2: Transcrição original   89

Explicação necessária ao entendimento da Carta*

Publiquei esta minha versão da Carta de Pero Vaz de Caminha na extinta Editora Sabiá, em 1968, ano do 5º centenário de nascimento de Pedro Álvares Cabral, em edição patrocinada pelo Banco da Bahia.

Descoberta na Torre do Tombo em 1773 por Seabra da Silva, o venerável documento, que já foi chamado de nossa certidão de batismo, tem tido muitas versões em linguagem atualizada, desde a de Aires de Casal, em sua *Corografia Brasílica*, de 1817, até a de Leonardo Arroyo. Seu estudo foi

---

*Este texto foi publicado originalmente na edição intitulada *Carta a el Rey Dom Manuel*, pela Editora Record, em 1981. (*N. do E.*)

feito, através dos anos, por sábios como João Francisco Lisboa, Capistrano de Abreu, João Ribeiro e Carolina Michaelis, para citar apenas estes; coube ao saudoso Jaime Cortesão dar-lhe, em seu magistral livro, a mais rigorosa transcrição diplomática. Foi nesse texto, que Sílvio Batista Pereira republicou, sanando pequenas gralhas, em coleção do Instituto Nacional do Livro, que nos baseamos para fazer a presente versão.

Nosso critério foi o de preservar, tanto quanto possível, o sabor da linguagem antiga; respeitamos, até os limites do ininteligível, a frase de Caminha, em seu torneio e suas repetições.

Esta edição, pela sua natureza, não comporta notas nem glossário. Para ajudar o entendimento do leitor leigo (como nós) achamos útil avisar que deixamos *eram* no lugar de estavam, *vergonha* como partes pudendas, *obra de* no sentido de cerca de, *ho-*

mem no lugar de a gente (como o *on* francês). As medidas de comprimento calculadas pelo meticuloso escrivão são a braça (2 metros e 2 decímetros), a légua (5.600 metros), o jogo de mancal (jogo de malha, de 8 a 10 metros), o tiro de besta (cerca de 150 metros) e o tiro de pedra, que presumo igual ao anterior.

Cascavéis e *manilhas* estão no sentido de guisos e pulseiras; *quartejados de escaques* quer dizer pintados em quadrados, como o tabuleiro de xadrez. *Borracha* é um saco de couro para água ou vinho, e seu bocal com tampa tem o nome de *espelho*. *Fanado* quer dizer circunciso ou circuncidado. *Chinchorro* é uma rede de pescar, *esperavel*, uma espécie de pavilhão ou dossel; *lacão* é presunto, *armadura* está no sentido de presa do javali, *braga* é calça curta... O restante acho que dá para entender.

Evitei "corrigir" o velho Caminha quando ele escreve que um português foi *em terra* no lugar de *à terra,* ou *imos* no lugar de *vamos,* ou *nenhum deles não era* em vez de *nenhum deles era*; é gostoso verificar que em alguns casos a linguagem popular do Brasil conservou a honrada sintaxe de nosso primeiro cronista.

Morreu ele, às mãos do mouro, naquele mesmo ano de 1500, em Calecute, onde fora assumir o cargo de escrivão da feitoria. Teria uns 50 anos, e era avô, graças à sua filha Isabel, casada com aquele turbulento Jorge de Osório, para quem pede, no fim da Carta, a mercê de D. Manuel. Pedro Álvares Cabral viveria até 1520, desamparado do favor real; quanto à terra de Santa Cruz, cresceu muitas léguas para o norte e para o sul e para oeste, virando Brasil — e ainda vive, mais ou menos, conforme Deus Nosso Senhor é servido.

Rubem Braga

Parte 1

Versão contemporânea de Rubem Braga

Senhor:

Posto que o Capitão-mor desta vossa frota, e assim os outros capitães, escreveram a Vossa Alteza a nova do achamento desta vossa terra nova, que ora nesta navegação se achou, não deixarei também de dar disso minha conta a Vossa Alteza, assim como eu melhor puder, ainda que, para o bem contar e falar, o saiba pior que todos fazer.

Tome, porém, Vossa Alteza, minha ignorância por boa vontade, e creia bem por certo que, para aformosear nem afear, haja aqui de pôr mais que aquilo que vi, e me pareceu.

Da marinhagem e singraduras do caminho não darei aqui conta a Vossa Alteza, porque o não saberei fazer, e os pilotos devem ter esse cuidado. Portanto, Senhor, do que hei de falar começo e digo:

Que a partida de Belém, como Vossa Alteza sabe, foi segunda-feira, 9 de março. E sábado, 14 do dito mês, entre as oito e nove horas, nos achamos entre as Canárias, mais perto da Grã-Canária, e ali andamos todo aquele dia em calma, à vista delas, obra de 3 ou 4 léguas. E domingo, 22 do dito mês, às dez horas, pouco mais ou menos, houvemos vista das Ilhas de Cabo Verde, seja, da Ilha de S. Nicolau, segundo o dito de Pero Escolar, piloto.

Na noite seguinte, segunda-feira, ao amanhecer, se perdeu da frota Vasco de Ataíde com sua nau, sem haver tempo forte nem contrário para poder ser. Fez o Capitão

suas diligências para o achar, a umas e outras partes, e não apareceu mais.

E assim seguimos nosso caminho, por este mar de longo, até a terça-feira das Oitavas de Páscoa, que foram aos vinte e um dias de abril, que topamos alguns sinais de terra, sendo da dita ilha, segundo os pilotos diziam, obra de 660 ou 670 léguas. Os quais eram muita quantidade de ervas compridas, a que os mareantes chamam botelho, assim como outras a que também chamam rabo-de-asno. E quarta-feira seguinte, pela manhã, topamos aves, a que chamam fura-buxos.

E neste dia, a horas de véspera, houvemos vista de terra, seja primeiramente dum grande monte, muito alto e redondo, e doutras serras mais baixas ao sul dele; e de terra chã, com grandes arvoredos; ao qual monte alto o Capitão pôs nome — o Monte Pascoal, e à terra — a Terra da Vera Cruz.

Mandou lançar o prumo. Acharam 25 braças; e, ao sol posto, obra de 6 léguas de terra, surgimos âncoras, em 19 braças — ancoragem limpa. Ali quedamo-nos toda aquela noite. E à quinta-feira, pela manhã, fizemos vela e seguimos direitos à terra, indo os navios pequenos diante, por 17, 16, 15, 14, 13, 12, 10 e 9 braças, até meia légua de terra, onde todos lançamos âncoras em direito da boca de um rio. E chegaríamos a esta ancoragem às dez horas pouco mais ou menos.

E dali houvemos vista de homens que andavam pela praia, obra de sete ou oito, segundo os navios pequenos disseram, por chegarem primeiro.

Ali lançamos os batéis e esquifes fora; e vieram logo todos os capitães das naus a esta nau do Capitão-mor, onde falaram. E o Capitão mandou no batel* em terra a

---

*Nau. (N. do E.)

Nicolau Coelho para ver aquele rio. E tanto que ele começou de ir para lá, acudiram pela praia homens, quando dois, quando três, de maneira que, quando o batel chegou à boca do rio, eram ali dezoito ou vinte homens pardos, todos nus, sem nenhuma coisa que lhes cobrisse suas vergonhas. Traziam arcos nas mãos, e suas setas. Vinham todos rijos para o batel; e Nicolau Coelho lhes fez sinal que pousassem os arcos. E eles os pousaram.

Ali não pode deles haver fala, nem entendimento que aproveitasse, por o mar quebrar na costa. Somente deu-lhes um barrete vermelho e uma carapuça de linho que levava na cabeça e um sombreiro preto. E um deles lhe deu um sombreiro de penas de ave, compridas, com uma copazinha pequena de penas vermelhas e pardas, como de papagaio. Outro lhe deu um ramal grande de continhas brancas, miúdas,

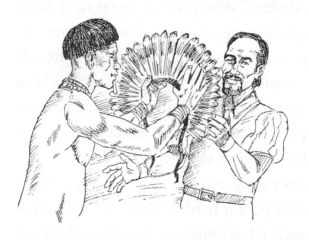

que querem parecer de aljaveira, as quais peças creio que o Capitão manda a Vossa Alteza. E com isto se volveu às naus por ser tarde, e não poder deles haver mais fala por causa do mar.

À noite seguinte ventou tanto sueste com chuvaceiros que fez caçar as naus, e especialmente a capitânia. E sexta pela manhã, às oito horas, pouco mais ou menos, por conselho dos pilotos, mandou o Capitão levantar âncoras e fazer vela; e fomos de longo da costa, com os batéis e esquifes amarrados pela popa, contra o norte, para ver se achávamos alguma abrigada e bom pouso onde ficássemos, para tomar água e lenha. Não por nos já minguar, mas por nos acertarmos aqui.

E quando fizemos vela, seriam já na praia assentados, junto com o rio, obra de sessenta ou setenta homens que se juntaram ali aos poucos e poucos. Fomos de longo, e mandou o Capitão aos navios pequenos que fossem mais chegados à terra e que, se achassem pouso seguro para as naus, que amainassem.

E sendo nós pela costa obra de 10 léguas donde nos levantamos, acharam os ditos navios pequenos um arrecife com um porto dentro, muito bom e muito seguro, com uma muito larga entrada, e meteram-se dentro e amainaram, e as naus arribaram sobre eles; e um pouco antes do sol-posto amainaram, obra de 1 légua do arrecife, e ancoraram-se em 11 braças.

E sendo Afonso Lopes, nosso piloto, em um daqueles navios pequenos, por mandado do Capitão, por ser homem vivo e destro para isso, meteu-se logo no esquife a sondar o porto dentro. Tomou em uma almadia dois daqueles homens da terra, mancebos e de bons corpos. E um deles trazia um arco e seis ou sete setas; e na praia andavam muitos com seus arcos e setas, e não lhe aproveitaram. Trouxe-os logo, já de noite, ao Capitão, onde foram recebidos com muito prazer e festa.

A feição deles é serem pardos, maneira de avermelhados, de bons rostos e bons narizes, bem-feitos. Andam nus, sem nenhuma cobertura. Nem estimam nenhuma coisa cobrir nem mostrar suas vergonhas; e estão acerca disso com tanta inocência como têm em mostrar o rosto. Traziam, ambos, os beiços de baixo furados e, metidos por eles, ossos. Ossos brancos, do comprimento duma mão travessa, da grossura dum fuso de algodão, agudos na ponta como furador. Metem-nos pela parte de dentro do beiço; e o que lhes fica entre o beiço e os dentes é feito como um roque de xadrez, e em tal maneira o trazem ali encaixado que não os magoa, nem lhes estorva a fala, nem comer, nem beber.

Os cabelos seus são corredios, e andavam tosquiados, de tosquia alta, mais que de sobrepente, de boa grandura e rapados até por cima das orelhas. E um deles trazia por baixo da solapa, de fonte a fonte para detrás, uma maneira de cabeleira de penas de ave amarelas, que seria do comprimento de um coto, muito basta e muito cerrada, que lhe cobria o toutiço* e as orelhas. A qual

---
*Nuca. (*N. do E.*)

andava pegada nos cabelos, pena a pena, com uma confeição branda como cera, e não no era. De maneira que andava a cabeleira muito redonda e muito basta, e muito igual, e não fazia míngua mais lavagem para a levantar.

O Capitão, quando eles vieram, estava assentado em uma cadeira, uma alcatifa aos pés por estrado, e bem-vestido, com um colar de ouro muito grande ao pescoço. Sancho de Tovar, Simão de Miranda, Nicolau Coelho, Aires Correia, e nós outros que aqui na nau com ele imos, assentados no chão, por essa alcatifa. Acenderam-se tochas; entraram e não fizeram nenhuma menção de cortesia, nem de falar ao Capitão nem a ninguém. Porém um deles pôs olho no colar do Capitão, e começou de acenar com a mão para a terra e depois para o colar. Como que nos dizia que havia em terra ouro. E também viu um castiçal de prata, e assim mesmo acenava para a terra e então para o castiçal, como que havia também prata.

Mostraram-lhes um papagaio pardo que aqui o Capitão traz; tomaram-no logo na mão e acenaram para a terra, como que os havia ali. Mostraram-lhes um carneiro, e não fizeram dele menção. Mostraram-lhes uma galinha; quase haviam medo dela, e não lhe queriam pôr a mão; e depois a tomaram como espantados.

Deram-lhes ali de comer pão e pescado cozido, confeitos, fartéis, mel e figos passados. Não quiseram comer daquilo quase nada, e, se alguma coisa provavam, lançavam-na logo fora.

Trouxeram-lhes vinho numa taça; mal lhe puseram a boca e não gostaram dele nada, nem o quiseram mais. Trouxeram-lhes água em uma albarrada; tomaram bocados dela, e não beberam; somente lavaram as bocas e lançaram fora.

Viu um deles umas contas de rosário, brancas; acenou que lhas dessem, folgou muito com elas, e lançou-as ao pescoço. Depois tirou-as e enrolou-as no braço e acenava para a terra e então para as contas e para o colar do Capitão, como que dariam ouro por aquilo.

Isto tomávamos nós assim por o desejarmos; mas se ele queria dizer que levaria as contas e mais o colar, isto não queríamos nós entender, porque não lho havíamos de dar. E depois tornou as contas a quem lhas dera. E então estiraram-se assim de costas na alcatifa, a dormir, sem terem nenhuma maneira de cobrirem suas vergonhas, as quais não eram fanadas, e as cabeleiras delas bem rapadas e feitas. O Capitão lhes mandou pôr às cabeças seus coxins;* e o da

---

*Almofada. (*N. do E.*)

cabeleira procurava assaz por a não quebrar. E lançaram-lhes um manto em cima; e eles consentiram, quedaram-se e dormiram.

Ao sábado pela manhã mandou o Capitão fazer vela, e fomos demandar a entrada, a qual era muito larga e alta de 6 a 7 braças. Entraram todas as naus dentro; e ancoraram em 5 ou 6 braças, a qual ancoragem dentro é tão grande e tão formosa e tão segura que podem estar dentro dela mais de duzentos navios e naus. E tanto que as naus foram pousadas e ancoradas, vieram os capitães todos a esta nau do Capitão-mor. E daqui mandou o Capitão a Nicolau Coelho e Bartolomeu Dias que fossem em terra e levassem aqueles dois homens e os deixassem ir com seu arco e setas. Aos quais mandou dar a cada um uma camisa nova, uma carapuça vermelha e um rosário de contas brancas de osso, que eles levaram nos braços, e cascavéis e campainhas. E mandou com eles para ficar lá um mancebo degredado, criado de D. João Telo, a quem chamam Afonso Ribeiro, para andar lá com eles e saber de seu viver e maneiras. E a mim mandou que fosse com Nicolau Coelho.

Fomos assim de frecha direitos à praia. Ali acudiram logo obra de duzentos homens, todos nus, e com arcos e setas nas mãos. Aqueles que nós levávamos acenaram-lhes que se afastassem e pousassem os arcos; e eles os pousaram, mas não se

afastaram muito. E mal pousaram os arcos, logo saíram os que nós levávamos, e o mancebo degredado com eles; os quais, assim como saíram, não pararam mais, nem esperava um pelo outro, se não a quem mais corria. E passaram um rio que por ali corre, d'água doce, e de muita água, que lhes dava pela braga; e outros muitos com eles. E foram assim correndo, além do rio, entre umas moitas de palmas onde estavam outros, e ali pararam. E naquilo foi o degredado com um homem que, logo ao sair do batel, o agasalhou e levou até lá. Mas logo o tornaram a nós; e com ele vieram os outros que nós leváramos, os quais vinham já nus e sem carapuças.

Então se começaram de chegar muitos, e entravam pela beira do mar para os batéis, até que mais não podiam; traziam cabaças de água, e tomavam alguns barris

que nós levávamos; enchiam-nos de água e traziam-nos aos batéis.

Não que eles de todo chegassem à borda do batel, mas, junto a ele, lançavam-nos das mãos, e nós os tomávamos; e pediam que lhes dessem alguma coisa. Levava Nicolau Coelho cascavéis e manilhas. E a um dava um cascavel e a outro uma manilha, de maneira que com aquela camada quase nos queriam dar a mão. Davam-nos daqueles arcos e setas por sombreiros e carapuças de linho e por qualquer coisa que homem lhes queria dar.

Dali se partiram os outros dois mancebos, que não os vimos mais.

Andavam ali muitos deles ou quase a maior parte, que todos traziam aqueles bicos de osso nos beiços. E alguns, que andavam sem eles, traziam os beiços furados e nos buracos traziam uns espelhos de pau, que pareciam espelhos de borracha; e alguns deles traziam três daqueles bicos, a saber, um na metade e os dois nos cabos. Aí andavam outros, quartejados de cores, seja metade da sua própria cor, e metade de pintura negra, maneira de azulada; e outros quartejados de escaques. Ali andavam entre eles três ou quatro moças, bem moças e bem gentis, com cabelos muito pretos e compridos pelas espáduas, e suas vergonhas tão altas, tão cerradinhas e tão limpas das cabeleiras que, de as nós muito bem olharmos, não tínhamos nenhuma vergonha.

Ali por então não houve mais fala nem entendimento com eles, por a berberia* deles ser tamanha que se não entendia nem ouvia ninguém. Acenamos-lhes que se fossem, e assim o fizeram e passaram-se além do rio. Saíram três ou quatro homens nossos dos batéis, e encheram não sei

---
*Gritaria. (N. do E.)

quantos barris de água que nós levávamos, e tornamo-nos às naus. Mas quando assim vínhamos, acenaram-nos que tornássemos. Tornamos, e eles mandaram o degredado e não quiseram que ficasse lá com eles. O qual levava uma bacia pequena e duas ou três carapuças vermelhas para lá as dar ao senhor, se o houvesse. Não cuidaram de lhe tomar nada, antes o mandaram com tudo. Mas então Bartolomeu Dias o fez outra vez tornar, ordenando que lhes desse aquilo. E ele tornou e o deu, à vista de nós, àquele que da primeira vez o agasalhara; e então veio-se, e trouxemo-lo.

Esse que o agasalhou era já de idade, e andava, por louçainha, todo cheio de penas, pegadas pelo corpo, que parecia asseteado como S. Sebastião. Outros traziam carapuças de penas amarelas; outros de vermelhas; e outros de verdes. E uma daquelas moças era toda tingida, de baixo a cima,

daquela tintura; e certo era tão bem-feita e tão redonda, e sua vergonha (que ela não tinha) tão graciosa, que a muitas mulheres da nossa terra, vendo-lhe tais feições, fizera vergonha, por não terem a sua como ela. Nenhum deles não era fanado, mas todos assim como nós. E com isto nos tornamos e eles foram-se.

À tarde saiu o Capitão-mor em seu batel com todos nós outros e com os outros capitães das naus em seus batéis a folgar pela baía, em frente da praia. Mas ninguém saiu em terra, por não o querer o Capitão, sem embargo de ninguém nela estar. Somente saiu – ele com todos nós – em um ilhéu grande, que na baía está e que na baixa-mar fica muito vazio. Porém é de todas as partes cercado de água, que não pode ninguém ir a ele sem barco ou a nado. Ali folgou ele e todos nós outros, bem uma hora e meia.

E alguns marinheiros, que ali andavam com um chinchorro, mataram pescado miúdo, não muito. Então volvemo-nos às naus, já bem noite.

Ao domingo de Pascoela pela manhã, determinou o Capitão de ir ouvir missa e pregação naquele ilhéu. Mandou a todos os capitães que se aprestassem nos batéis e fossem com ele, e assim foi feito. Mandou naquele ilhéu armar um esperável, e dentro dele levantar um altar muito bem-arranjado. E ali com todos nós outros fez dizer missa, a qual disse o padre frei Henrique, em voz entoada, e oficiada com aquela mesma voz pelos outros padres e sacerdotes, que ali todos eram. A qual missa, segundo meu parecer, foi ouvida por todos com muito prazer e devoção.

Ali era com o Capitão a bandeira de Cristo, com que saiu de Belém, a qual esteve sempre alta, da parte do Evangelho.

Acabada a missa, desvestiu-se o padre e pôs-se em uma cadeira alta; e nós todos lançados por essa areia. E pregou uma solene e proveitosa pregação da história do Evangelho, ao fim dela tratou de nossa vinda e do achamento desta terra, conformando-se com o sinal da Cruz, sob cuja obediência viemos, a qual veio muito a propósito e fez muita devoção.

Enquanto estivemos à missa e à pregação, seria na praia outra tanta gente, pouco mais ou menos como a de ontem, com seus arcos e setas, a qual andava folgando. E olhando-nos, assentaram-se. E, depois de acabada a missa, assentados nós à pregação, levantaram-se muitos deles, tangeram corno ou buzina e começaram a saltar e a dançar um pedaço. E alguns deles se metiam em almadias* — duas ou três que aí

---

*Embarcação comprida e estreita, geralmente feita de um único tronco. (*N. do E.*)

tinham —, as quais não são feitas como as que eu já vi; somente são três traves, atadas juntas. E ali se metiam quatro ou cinco, ou esses que queriam, não se afastando quase nada da terra, senão enquanto podiam tomar pé. Acabada a pregação, moveu-se o Capitão, com todos, para os batéis, com nossa bandeira alta.

Embarcamos e fomos assim todos em direção à terra para passarmos ao longo por onde eles estavam; indo diante, por mandado do Capitão, Bartolomeu Dias em seu esquife, com um pau de uma almadia que lhes o mar levara, para lhos dar; e nós todos, obra de tiro de pedra, atrás dele.

Como viram o esquife de Bartolomeu Dias, chegaram-se logo todos à água, metendo-se nela até onde mais podiam. Acenavam-lhes que pousassem os arcos; e muitos deles os iam logo pôr em terra; e outros os não punham.

Andava aí um que falava muito aos outros que se afastassem, mas não que a mim me parecesse que lhe tinham acatamento nem medo. Este que os assim andava afastando trazia seu arco e setas, e andava tinto de tintura vermelha pelos peitos e espáduas e pelos quadris, coxas e pernas até embaixo, mas os vazios com a barriga e o estômago eram de sua própria cor. E a tintura era assim vermelha que a água a não comia nem desfazia, antes, quando saía da água, era mais vermelha.

Saiu um homem do esquife de Bartolomeu Dias e andava entre eles, sem implicarem nada com ele para fazer-lhe mal. Antes lhe davam cabaças de água, e acenavam aos do esquife que saíssem em terra.

Com isto se volveu Bartolomeu Dias ao Capitão; e viemo-nos às naus, a comer, tangendo trombetas e gaitas sem lhes dar mais opressão. E eles tornaram-se a assentar na praia e assim por então ficaram.

Neste ilhéu, aonde fomos ouvir missa e pregação, espraia muito a água, e descobre muita areia e muito cascalho. Foram alguns, nós aí estando, buscar marisco, e não no acharam. Acharam alguns camarões grossos e curtos, entre os quais vinha um muito grande camarão e muito grosso, como em nenhum tempo vi tamanho. Também acharam cascas de berbigões e amêijoas, mas não toparam com nenhuma peça inteira.

E tanto que comemos, vieram logo todos os capitães a esta nau, por mandado do Capitão-mor, com os quais ele se apartou, e eu na companhia. E perguntou a todos se nos parecia bem mandar a nova do achamento desta terra a Vossa Alteza pelo navio dos mantimentos, para a melhor mandar descobrir e saber dela mais do que agora nós podíamos saber, por irmos de nossa viagem.

À terça-feira, depois de comer, fomos em terra dar guarda de lenha e lavar roupa. Estavam na praia, quando chegamos, obra de sessenta ou setenta, sem arcos e sem nada. Tanto que chegamos, vieram-se logo para nós, sem se esquivarem. Depois acudiram muitos, que seriam bem duzentos, todos sem arcos; e misturaram-se todos tanto conosco que alguns nos ajudavam a acarretar lenha e a meter nos batéis. E lutavam com os nossos e tomavam muito prazer.

Enquanto fazíamos a lenha, faziam dois carpinteiros uma grande cruz, dum pau, que ontem para isso se cortou.

Muitos deles vinham ali estar com os carpinteiros, e creio que o faziam mais por verem a ferramenta de ferro com que a faziam, que por verem a cruz, porque eles não têm coisa que de ferro seja, e cortam sua madeira e paus com pedras feitas como cunhas, metidas em um pau entre duas talas, muito bem atadas, e por tal maneira que andam fortes, segundo diziam os homens, que ontem a suas casas foram, porque lhas viram lá. Era já a conversação deles conosco tanta que quase nos estorvavam no que havíamos de fazer.

O Capitão mandou a dois degredados e a Diogo Dias que fossem lá à aldeia (e a outras, se houvessem novas delas) e que, em toda maneira, não viessem dormir às naus, ainda que eles os mandassem. E assim se foram. Enquanto andávamos nessa mata a cortar lenha, atravessavam alguns papagaios por essas árvores, deles verdes e outros pardos, grandes e pequenos, de maneira que me parece que haverá nesta terra muitos; porém eu não veria mais que até nove ou dez. Outras aves então não vimos, somente algumas pombas seixas, e pareceram-me bastante maiores que as de Portugal. Alguns diziam que viram rolas, mas eu não as vi. Mas, se-

E entre muitas falas que no caso se fizeram, foi por todos ou a maior parte dito que seria muito bem. E nisto concluíram. E tanto que a conclusão foi tomada, perguntou mais se seria bom tomar aqui por força um par destes homens para os mandar a Vossa Alteza, e deixar aqui por eles outros dois destes degredados.

A isto acordaram que não era necessário tomar por força homens, porque era geral costume dos que assim levavam por força para alguma parte, dizerem que ali há de tudo o que lhes perguntam; e que melhor e muito melhor informação da terra dariam dois homens destes degredados que aqui deixassem, do que eles dariam se os levassem, por ser gente que ninguém entende. Nem eles tão cedo aprenderiam a falar para o saberem tão bem dizer que muito melhor estoutros o não digam, quando Vossa Alteza cá mandar. E que portanto não cuidassem de aqui tomar ninguém por força nem de fazer escândalo, para de todo mais os amansar e pacificar, senão somente deixar aqui os dois degredados quando daqui partíssemos.

E assim, por melhor parecer a todos, ficou determinado. Acabado isto, disse o Capitão que fôssemos nos batéis em terra, e ver-se-ia bem, quejando era o rio, e também para folgarmos.

Fomos todos nos batéis em terra, armados e a bandeira conosco. Eles andavam ali na praia, à boca do rio, aonde nós íamos; e, antes que chegássemos, pelo ensino que dantes tinham, pousaram todos os arcos, e acenavam que saíssemos. E, tanto que os batéis puseram as proas em terra, passaram-se logo todos além do rio, o qual não é mais ancho que um jogo de mancal. E tanto que desembarcamos, alguns dos nossos passaram logo o rio, e foram entre eles. Alguns aguardavam; outros afastavam-se. Era, porém, a coisa de maneira que todos andavam misturados. Eles davam desses arcos com suas setas por sombreiros e carapuças de linho ou por qualquer coisa que lhes davam.

Passaram além tantos dos nossos, e andavam assim misturados com eles, que eles se esquivavam e afastavam-se. E deles alguns iam-se para cima, onde outros estavam.

Então o Capitão fez-se tomar ao colo de dois homens, passou o rio, e fez tornar a todos. A gente, que ali era, não seria mais que aquela que soía. E tanto que o Capitão fez tornar a todos, vieram alguns deles a ele, não porque o conhecessem por Senhor, pois me parece que não entendem, nem tomavam disso conhecimento, mas porque a gente nossa passava já para aquém do rio.

Ali falavam e traziam muitos arcos e continhas daquelas já ditas, e resgatavam-nas por qualquer coisa, em tal maneira que os

nossos trouxeram dali para as naus muitos arcos e setas e contas.

Então tornou-se o Capitão aquém do rio, e logo acudiram muitos à beira dele.

Ali veríeis galantes, pintados de preto e de vermelho, e quartejados, assim pelos corpos, como pelas pernas, que, certo, pareciam bem assim.

Também andavam entre eles quatro ou cinco mulheres moças, assim nuas, que não pareciam mal; entre as quais andava uma com uma coxa, do joelho até ao quadril, e a nádega, toda tinta daquela tintura preta; e o resto, tudo da sua própria cor. Outra trazia ambos os joelhos, com as curvas assim tintas, e também os colos dos pés; e suas vergonhas tão nuas e com tanta inocência descobertas, que não havia aí nenhuma vergonha.

Também andava aí outra mulher moça, com um menino ou menina no colo, atado

com um pano (não sei de quê) aos peitos, de modo que não lhe apareciam senão as perninhas. Mas as pernas da mãe e o resto não traziam nenhum pano.

Depois andou o Capitão para cima ao longo do rio, que anda sempre rente à praia. Ali esperou um velho, que trazia na mão uma pá de almadia. Falou, enquanto o Capitão esteve com ele, perante nós todos, sem nunca ninguém o entender, nem ele a nós quantas coisas lhe perguntávamos acerca de ouro, que nós desejávamos saber se havia na terra.

Trazia este velho o beiço tão furado, que lhe caberia pelo furado um grande dedo polegar, e trazia metida no furado uma pedra verde, ruim, que cerrava por fora aquele buraco. O Capitão lha fez tirar. E ele não sei que diabo falava e ia com ela direito ao Capitão, para lha meter na boca. Estivemos sobre isso rindo um pouco; e

então enfadou-se o Capitão e deixou-o. E um dos nossos deu-lhe pela pedra um sombreiro velho, não por ela valer alguma coisa, mas por amostra. Depois houve-a o Capitão, segundo creio, para, com as outras coisas, a mandar a Vossa Alteza.

Andamos por aí vendo a ribeira, a qual é de muita água e muito boa. Ao longo dela há muitas palmas, não muito altas, em que há muitos bons palmitos. Colhemos e comemos deles muitos. Então tornou-se o Capitão para baixo, para a boca do rio, onde desembarcamos; e além do rio andavam muitos deles dançando e folgando, uns diante dos outros, sem se tomarem pelas mãos. E faziam-no bem. Passou-se então além do rio Diogo Dias, almoxarife que foi de Sacavém, que é homem gracioso e de prazer; e levou consigo um gaiteiro nosso com sua gaita.

E meteu-se com eles a dançar, tomando-os pelas mãos; e eles folgavam, e riam, e andavam com ele muito bem ao som da gaita. Depois de dançarem, fez-lhes ali, andando no chão, muitas voltas ligeiras e salto real, de que eles se espantavam e riam e folgavam muito. E conquanto com aquilo muito os segurou e afagou, tomavam logo uma esquiveza como de animais monteses, e foram-se para cima.

E então o Capitão passou o rio com todos nós outros, e fomos pela praia de longo,

indo os batéis, assim, rente da terra. Fomos até uma lagoa grande de água doce, que está junto da praia, porque toda aquela ribeira do mar tem pauis por cima e sai a água por muitos lugares.

E depois de passarmos o rio, foram uns sete ou oito deles andar entre os marinheiros que se recolhiam aos batéis. E levaram dali um tubarão, que Bartolomeu Dias matou, lhes levou e lançou na praia.

Bastará dizer-vos que até aqui, como quer que eles um pouco se amansassem, logo duma mão para a outra se esquivavam, como pardais, do cevadouro, e homem não lhes ousa falar de rijo para não se esquivarem mais; e tudo se passa como eles querem, para os bem amansar.

O Capitão ao velho, com quem falou, deu uma carapuça vermelha. E com toda a fala que entre ambos se passou e com a carapuça que lhe deu, tanto que se apartou e começou de passar o rio, foi-se logo recatando e não quis mais tornar do rio para aquém.

Os outros dois, que o Capitão teve nas naus, a que deu o que já disse, nunca mais aqui apareceram — do que tiro ser gente bestial, e de pouco saber, e por isso são assim esquivos. Eles porém contudo andam muito bem cuidados e muito limpos. E naquilo me parece ainda mais que são como aves ou alimárias montesas, às quais faz o ar melhor pena e melhor cabelo que às mansas. Porque os corpos seus são tão limpos, e tão gordos e tão formosos, que não pode mais ser. Isto me faz presumir que não têm casas nem moradas em que se acolham, e o ar, a que se criam, os faz tais. Nem nós ainda até agora não vimos nenhumas casas, nem maneira delas.

Mandou o Capitão àquele degredado Afonso Ribeiro, que se fosse outra vez com eles. O qual se foi e andou lá um bom pedaço, mas à tarde tornou-se, que o fizeram vir e não o quiseram lá consentir. E deram-lhe arcos e setas; e não lhe tomaram nenhuma coisa do seu. Antes — disse ele — que um deles lhe tomara umas continhas amarelas, que levava, e fugia com elas, e ele se queixou, e os outros foram logo após ele e lhas tomaram e tornaram-lhes a dar; e então mandaram-no vir. Disse ele que não vira lá entre eles senão umas choupaninhas de rama verde e de fetos muito grandes, como de Entre-Douro-e-Minho.

E assim nos tornamos às naus, já quase noite, a dormir.

À segunda-feira, depois de comer, saímos todos em terra a tomar água. Ali vieram então muitos, mas não tantos como outras vezes, e traziam já muito poucos arcos. Estiveram assim um pouco afastados de nós; e depois pouco a pouco misturaram-se conosco. Abraçavam-nos e folgavam. E alguns deles se esquivavam logo.

Ali davam alguns arcos por folhas de papel e por alguma carapucinha velha ou por qualquer coisa. Em tal maneira se passou a coisa que bem vinte ou trinta pessoas das nossas se foram com eles, onde outros muitos deles estavam com moças e mulheres. E trouxeram de lá muitos arcos e barretes de penas de aves, deles verdes e deles amarelos, dos quais, segundo creio, o Capitão há de mandar amostra a Vossa Alteza.

E, segundo diziam esses que lá foram, folgavam com eles. Neste dia os vimos mais de perto e mais à nossa vontade, por andarmos todos quase misturados. Ali, alguns andavam daquelas tinturas quartejados; outros de metades; outros de tanta feição, como em panos de armar, e todos com os beiços furados, e muitos com os ossos neles, e outros sem ossos.

Traziam alguns deles uns ouriços verdes de árvores, que, na cor, queriam parecer de castanheiros, embora mais e mais pequenos. E eram aqueles cheios duns grãos vermelhos pequenos, que, esmagados entre os dedos, faziam tintura muito vermelha, de que eles andavam tintos. E quanto mais se molhavam, mais vermelhos ficavam.

Todos andam rapados até acima das orelhas; e assim as sobrancelhas e pestanas.

Trazem todos as testas, de fonte a fonte, tintas da tintura preta, que parece uma fita preta, ancha de dois dedos.

E o Capitão mandou àquele degredado Afonso Ribeiro e a outros dois degredados, que fossem andar lá entre eles; e assim a Diogo Dias, por ser homem ledo, com que eles folgavam; e aos degredados mandou que ficassem lá esta noite.

Foram-se lá todos, e andaram entre eles. E, segundo eles diziam, foram bem 1,5 légua a uma povoação de casas, em que haveria nove ou dez casas, as quais diziam que eram tão compridas, cada uma, como esta nau capitânia. Eram de madeira, e das ilhargas de tábuas, e cobertas de palha, de razoável altura; todas duma só peça, sem nenhum repartimento, tinham dentro muitos esteios; e, de esteio a esteio, uma rede atada pelos cabos, alta, em que dormiam. Debaixo, para se esquentarem, faziam seus fogos. E tinha cada casa duas portas pequenas, uma num cabo, e outra no outro.

Diziam que em cada casa se acolhiam trinta ou quarenta pessoas e que assim os achavam; e que lhes davam de comer daquela vianda,* que eles tinham, a saber, muito inhame e outras sementes, que na terra há e eles comem. Mas, quando se fez tarde, fizeram-nos logo tornar a todos e não quiseram que lá ficasse nenhum. Ainda, segundo eles diziam, queriam vir com eles. Resgataram lá por cascavéis e por outras coisinhas de pouco valor que levavam, papagaios vermelhos, muito grandes e formosos, e dois verdes pequeninos e carapuças de penas verdes, e um pano de penas de muitas cores, maneira de tecido assaz formoso. Vossa Alteza todas estas coisas verá, porque o Capitão vo-las há de mandar, segundo ele disse. E com isto vieram; e tornamo-nos às naus.

---

*Carne. (*N. do E.*)

gundo os arvoredos são muitos e grandes, e de infindas maneiras, não duvido que por esse sertão haja muitas aves.

Cerca da noite nos volvemos para as naus com nossa lenha.

Eu creio, Senhor, que ainda não dei conta aqui a Vossa Alteza da feição de seus arcos e setas. Os arcos são pretos e compridos, as setas também compridas e os ferros delas de canas aparadas, segundo Vossa Alteza verá por alguns que — eu creio — o Capitão a Ela há de enviar.

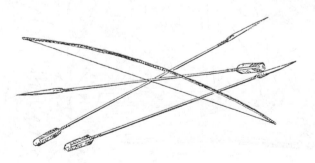

À quarta-feira não fomos em terra, porque o Capitão andou todo o dia no navio dos mantimentos a despejá-lo e fazer levar às naus isso que cada uma podia levar. Eles acudiram à praia; muitos, segundo das naus vimos; seriam obra de trezentos, segundo Sancho Tovar, que lá foi, disse.

Diogo Dias e Afonso Ribeiro, o degredado, aos quais o Capitão ontem mandou que em toda maneira lá dormissem, volveram-se já de noite, por eles não quererem que lá dormissem. Trouxeram papagaios verdes e outras aves pretas, quase como pegas, a não ser que tinham o bico branco e os rabos curtos.

Quando Sancho de Tovar se recolheu à nau, queriam vir com ele alguns, mas ele não quis senão dois mancebos dispostos e homens de prol. Mandou-os essa noite muito bem pensar e cuidar. Comeram toda a vianda que lhes deram; e mandou-lhes

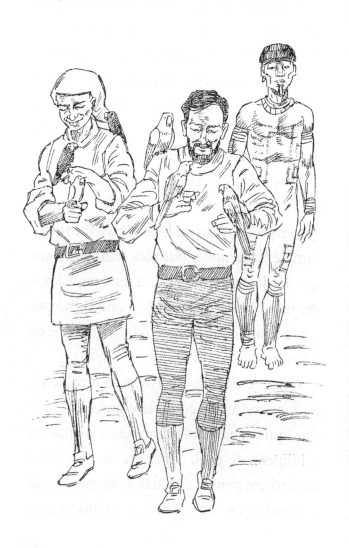

fazer cama de lençóis, segundo ele disse. Dormiram e folgaram aquela noite. E assim não houve mais este dia que para escrever seja.

À quinta-feira, derradeiro de abril, comemos logo, quase pela manhã, e fomos em terra por mais lenha e água. E, em querendo o Capitão sair desta nau, chegou Sancho de Tovar com seus dois hóspedes. E por ele não ter ainda comido, puseram-lhe toalhas, veio-lhe vianda, e comeu. Os hóspedes sentaram cada um em sua cadeira, e de tudo o que lhes deram comeram muito bem, especialmente lacão* cozido, frio, e arroz. Não lhes deram vinho, por Sancho de Tovar dizer que o não bebiam bem.

Acabado o comer, metemo-nos todos no batel e eles conosco. Deu um grumete a um deles uma armadura grande de porco

---
*Carne de porco. (N. do E.)

montês, bem curva. Tanto que a tomou, meteu-a logo no beiço, e porque se lhe não queria segurar, deram-lhe uma pouca de cera vermelha. E ele ajeitou-lhe seu adereço detrás para ficar segura, e meteu-a no beiço, assim revolta para cima. E vinha tão contente com ela, como se tivesse uma grande joia. E tanto que saímos em terra, foi-se logo com ela e não apareceu mais aí.

Andariam na praia, quando saímos, oito ou dez deles; e daí a pouco começaram de vir mais. E parece-me que vieram, este dia, à praia, quatrocentos ou quatrocentos e cinquenta. Traziam alguns deles arcos e setas que todos deram por carapuças ou por qualquer coisa que lhes davam. Comiam conosco do que lhes dávamos. Bebiam alguns deles vinho; outros o não podiam beber. Mas parece-me, que se lho avezarem, o beberão de boa vontade.

Andavam todos tão dispostos, tão bemfeitos e galantes com suas tinturas, que pareciam bem. Acarretavam dessa lenha, quanta podiam, com muitas boas vontades, e levavam-na aos batéis; e andavam já mais mansos e seguros entre nós, do que nós andávamos entre eles.

Foi o Capitão com alguns de nós um pedaço por este arvoredo até uma ribeira grande e de muita água, que a nosso parecer, era esta mesma, que vem ter à praia, e em que nós tomamos água.

Ali ficamos um pedaço, bebendo e folgando ao longo dela, entre esse arvoredo, que é tanto e tamanho e tão basto e de tantas prumagens, que homem as não pode contar. Há entre ele muitas palmas de que colhemos muitos e bons palmitos.

Quando saímos do batel, disse o Capitão que seria bom irmos direitos à cruz, que estava encostada a uma árvore, junto com o rio, para se erguer amanhã, que é sexta-feira, e que nos puséssemos todos em joelhos e a beijássemos, para eles verem o acatamento que lhe tínhamos. Assim o fizemos. A esses dez ou doze que aí estavam acenaram-lhes que fizessem assim, e foram logo todos beijá-la.

Parece-me gente de tal inocência que, se homem os entendesse e eles a nós, seriam logo cristãos, porque eles não têm, nem entendem em nenhuma crença, segundo parece.

E portanto, se os degredados, que aqui hão de ficar, aprenderem bem a sua fala e os entenderem, não duvido que eles, segundo a santa intenção de Vossa Alteza, se hão de fazer cristãos e crerem na nossa santa fé, à qual praza a Nosso Senhor que os traga, porque, certo, esta gente é boa e de boa simplicidade.

E imprimir-se-á com ligeireza neles qualquer cunho, que lhes quiserem dar. E pois Nosso Senhor, que lhes deu bons corpos e bons rostos, como a bons homens, e por aqui nos trouxe, creio que não foi sem causa.

Portanto Vossa Alteza, que tanto deseja acrescentar a santa fé católica, deve cuidar da sua salvação. E prazerá a Deus que com pouco trabalho seja assim.

Eles não lavram, nem criam, nem há aqui boi, nem vaca, nem cabra, nem ovelha, nem galinha, nem outra nenhuma alimária, que costumada seja ao viver dos homens. Nem comem senão desse inhame, que aqui há muito, e dessa semente e frutos, que a terra e as árvores de si lançam. E com isto andam tais, e tão rijos, e tão nédios, que o não somos nós tanto, com quanto trigo e legumes comemos.

Neste dia, enquanto ali andaram, dançaram e bailaram sempre com os nossos,

ao som dum tamboril dos nossos, em maneira que são muito mais nossos amigos que nós seus.

Se lhes homem acenava se queriam vir às naus, faziam-se logo prestes para isso, em tal maneira que se a gente todos quisera convidar, todos vieram. Porém não trouxemos esta noite às naus senão quatro ou cinco, a saber:

O Capitão-mor, dois; Simão de Miranda, um, que trazia já por pajem; e Aires Gomes, outro, também por pajem.

Um dos que o Capitão trouxe era um dos hóspedes, que lhe trouxeram da primeira vez, quando aqui chegamos, o qual veio hoje aqui, vestido na sua camisa, e com ele um seu irmão; os quais foram esta noite muito bem agasalhados, assim de vianda, como de cama, de colchões e lençóis, para os mais amansar.

E hoje, que é sexta-feira, primeiro dia de maio, pela manhã, saímos em terra, com nossa bandeira; e fomos desembarcar acima do rio contra o sul, onde nos pareceu que seria melhor chantar a cruz, para ser melhor vista. Ali assinalou o Capitão onde fizessem a cova para a chantar.

Enquanto a ficaram fazendo, ele com todos nós outros fomos pela cruz abaixo do rio, onde ela estava. Dali a trouxemos com esses religiosos e sacerdotes diante cantando, em maneira de procissão.

Eram já aí alguns deles, obra de setenta ou oitenta; e, quando nos viram assim vir, alguns se foram meter debaixo dela, a ajudar-nos. Passamos o rio, ao longo da praia, e fomo-la pôr onde havia de ficar, que será do rio obra de dois tiros de besta. Andando-se ali nisto, vieram bem cento e cinquenta, ou mais.

Chantada a cruz, com as armas e divisa de Vossa Alteza, que primeiramente lhe pregaram, armaram altar ao pé dela. Ali disse missa o padre frei Henrique, a qual foi cantada e oficiada por esses já ditos. Ali estiveram conosco a ela obra de cinquenta ou sessenta deles, assentados todos em joelhos, assim como nós.

E quando veio ao Evangelho, que nos erguemos todos, em pé, com as mãos levantadas, eles se levantaram conosco e alçaram as mãos, ficando assim até ter acabado; e então tornaram-se a assentar como nós.

E quando levantaram a Deus, que nos pusemos de joelhos, eles se puseram assim todos, como nós estávamos, com as mãos levantadas, e em tal maneira sossegados, que, certifico a Vossa Alteza, nos fez muita devoção.

Estiveram assim conosco até acabada a comunhão, e depois da comunhão comungaram esses religiosos e sacerdotes e o Capitão com alguns de nós outros.

Alguns deles, por o sol ser grande, quando estávamos comungando, levantaram-se, e outros estiveram e ficaram. Um deles, homem de cinquenta ou cinquenta e cinco anos, ficou ali com aqueles que ficaram. Esse, estando nós assim, ajuntava estes, que ali ficaram, e ainda chamava outros. E andando assim entre eles falando, lhes acenou com o dedo para o altar e depois mostrou o dedo para o céu, como se lhes dissesse alguma coisa de bem; e nós assim o tomamos.

Acabada a missa, tirou o padre a vestimenta de cima e ficou em alva; e assim subiu, junto ao altar, em uma cadeira. Ali nos pregou do Evangelho e dos Apóstolos, cujo o dia hoje é, tratando, ao fim da pregação, deste vosso prosseguimento tão santo e virtuoso, o que nos causou mais devoção.

Esses, que estiveram sempre à pregação, quedaram-se como nós olhando para ele. E

aquele, que digo, chamava alguns que viessem para ali.

Alguns vinham e outros iam-se. E acabada a pregação, como Nicolau Coelho trouxesse muitas cruzes de estanho com crucifixos, que lhe ficaram ainda da outra vinda, houveram por bem que se lançasse uma ao pescoço de cada um. Pelo que o padre frei Henrique se assentou ao pé da cruz e ali, a um por um, lançava a sua, atada em um fio ao pescoço, fazendo-lha primeiro beijar e alevantar as mãos. Vinham a isso muitos; e lançaram-nas todas, que seriam obra de quarenta ou cinquenta. Isto acabado — era já bem uma hora depois de meio-dia — viemos às naus a comer, onde o Capitão trouxe consigo aquele mesmo que fez aos outros aquela mostrança para o altar e para o céu, e um seu irmão com ele. Fez-lhe muita honra e deu-lhe uma camisa mourisca e ao outro uma camisa destoutras. E, segundo o que a mim e a todos pareceu, esta gente não lhes falece outra coisa para ser toda cristã, senão entender-nos, porque assim tomavam aquilo que nos viam fazer, como nós mesmos, por onde nos pareceu a todos que nenhuma idolatria, nem adoração têm. E bem creio que, se Vossa Alteza aqui mandar quem mais entre eles devagar ande, que todos serão tornados ao desejo de Vossa Alteza. E por isso, se alguém vier, não deixe logo de vir clérigo para os batizar, porque já então terão mais conhecimento de nossa fé pelos dois degredados que aqui entre eles ficam, os quais hoje também comungaram ambos. Entre todos estes que hoje vieram, não veio mais que uma mulher moça, a qual esteve sempre à missa e a quem deram um pano com que se cobrisse. Puseram-lho a redor de si; porém, ao assentar, não fazia grande memória de o estender bem para se cobrir. Assim, Senhor, a inocência desta

gente é tal, que a de Adão não seria maior, quanto à vergonha.

Ora veja Vossa Alteza se quem em tal inocência vive se converterá ou não, ensinando-lhes o que pertence à sua salvação.

Acabado isto, fomos assim perante eles beijar a cruz, despedimo-nos e viemos comer.

Creio, Senhor, que com estes dois degredados que aqui ficam, ficam mais dois grumetes, que esta noite se saíram desta nau no esquife, fugidos para terra. Não vieram mais. E cremos que ficarão aqui, porque de manhã, prazendo a Deus, fazemos daqui nossa partida.

Esta terra, Senhor, me parece que da ponta que mais contra o sul vimos até outra ponta, que contra o norte vem, de que nós deste porto houvemos vista, será tamanha que haverá nela bem 20 ou 25 léguas por costa. Traz, ao longo do mar, nalgumas partes, grandes barreiras, delas vermelhas, delas brancas; e a terra por cima toda chã e muito cheia de grandes arvoredos. De ponta a ponta, é toda a praia uma palma, muito chã e muito formosa.

Pelo sertão nos pareceu, do mar, muito grande, porque, a estender os olhos, não podíamos ver senão terra com arvoredos, que nos parecia muito longa.

Nela, até agora, não pudemos saber que haja ouro, nem prata, nem nenhuma

coisa de metal nem de ferro; nem lho vimos. Porém a terra em si é de muito bons ares, assim frios e temperados, como os de Entre-Douro-e-Minho, porque neste tempo de agora os achávamos como os de lá.

Águas são muitas, infindas. E em tal maneira é graciosa que, querendo-a aproveitar, dar-se-á nela tudo, por bem das águas que tem.

Porém o melhor fruto que nela se pode fazer, me parece que será salvar esta gente, e esta deve ser a principal semente que Vossa Alteza em ela deve lançar.

E, que aí não houvesse mais que ter aqui esta pousada para esta navegação de Calecute, isto bastaria; quanto mais disposição para se nela cumprir e fazer o que Vossa Alteza tanto deseja, seja, o acrescentamento da nossa santa fé. E nesta maneira, Senhor, dou aqui a Vossa Alteza conta do que nesta terra vi; e, se algum pouco me alonguei, Ela me perdoe, que o desejo que tinha de tudo vos dizer mo fez pôr assim pelo miúdo.

E pois que, Senhor, é certo que, assim, neste cargo que levo, como em outra qualquer coisa que de vosso serviço for, Vossa Alteza há de ser de mim muito bem servida, a Ela peço que, por me fazer singular mercê, mande vir da ilha de São Tomé a Jorge de Osório, meu genro — o que d'Ela receberei em muita mercê.

Beijo as mãos de Vossa Alteza.

Deste Porto Seguro, da vossa Ilha de Vera Cruz, hoje, sexta-feira, primeiro dia de maio de 1500.

PERO VAZ DE CAMINHA

Parte 2

Transcrição original

Fac-símile da primeira página da carta

Sñor

posto que o capitam moor desta vossa frota e asy os outros capitaães screpuam a vossa alteza a noua do achamento desta vossa terra noua que se ora neesta nauegaçam achou. nom leixarey tambem de dar disso minha comta a vossa alteza asy como eu milhor poder ajmda que pera o bem contar e falar o saiba pior que todos fazer.

pero tome vossa alteza minha jnoramcia por boa vomtade, a qual bem certo crea q̃ por afremosentar nem afear aja aquy de poer mais ca aquilo que vy e me pareceo.

da marinhajem e sim graduras do caminho nõ darey aquy cõta a vossa alteza porque o nom saberey fazer e os pilotos devem teer ese cuidado e portanto Sñor do que ey de falar começo e diguo.

que a partida de Belem como vossa alteza sabe foi seg^da feira ix de março. e sabado xiiij do dito mes amtre as biij e ix oras nos achamos amtre as Canareas mais perto da Gram Canarea e aly amdamos todo aquele dia em calma a vista delas obra de tres ou quatro legoas. e domingo xxij do dito mes aas x oras pouco mais ou menos ouvemos vista das jlhas do Cabo Verde. s. da jlha de Sã Njcolaao seg° dito de Pero Escolar piloto.

e a noute segujnte aa seg^da feita lhe amanheceo se perdeo da frota Vaasco de Atayde com a sua naao sem hy aver tempo forte ñe contrairo pera poder seer: fez o capitam suas deligencias pera o achar a huũas e as outras partes e nom pareceo majs.

E asy segujmos nosso caminho per este mar de lomgo ataa terça feira de oitavas de pascoa que foram xxj dias de abril que topamos alguũs synaaes de terra semdo da dita jlha seg⁰ os pilotos deziam obra de bj^e lx ou lxx legoas. os quaaes herã mujta camtidade de ervas compridas a que os mareantes chamã botelho e asy outras a que tambem chamã rrabo de asno./ E aa quarta feira segujnte pola manhã topamos aves a que chamã fura buchos.

e neeste dia a ora de bespera ouvemos vjsta de terra s. premeiramente de huũ gramde monte muy alto. e rredondo de outras serras mais baixas ao sul dele e de terra chã com grandes arvoredos. ao qual monte alto o capitam pos nome o monte Pascoal e aa terra a Terra de Vera Cruz.

mandou lamçar o prumo acharam xxb braças e ao sol posto obra de bj legoas de terra surgimos amcoras em xix braças

amcorajem limpa. aly jouvemos toda aquela
noute. e aa quinta feira pola manhaã
fezemos vella e segujmos dir^tos aa terra e os
navjos pequenos diãte himdo per xbij xbj
xb xiiij xiij xij x. e ix braças ataa mea legoa
de terra omde todos lançamos amcoras em
dir^to da boca de huũ rrio e chegariamos a
esta amcojarem aas x oras pouco mais ou
menos.

a daly ouvemos vista de homeẽs q̃
amdavam pela praya obra de bij ou biij seg^o
os navjos pequenos diseram por chegarem
primeiro.

aly lançamos os batees e esquifes fora e
vieram logo todolos capitaães das naaos a
esta naao do capitam moor e aly falaram.
e o capitam mandou no batel em terra
Njcolaao Coelho pera veer ãqle rrio e tamto
que ele começou pera la de hir acodirã pela
praya homeẽs quando dous quadro tres
de maneira que quando o batel chegou aa

boca do rrio heram aly xbiij ou xx homeẽs pardos todos nuus sem nhuũa cousa que lhes cobrisse suas vergonhas. traziam arcos nas maãos e suas seetas. vijnham todos rrijos pera o batel e Njcolaao Coelho lhes fez sinal que posesem os arcos. e eles os poseram.

aly nom pode deles auver fala n ẽ entẽdimento que aproveitasse polo mar quebrar na costa. soomente deulhes huũ barete vermelho e huũa carapuça de linho que levava na cabeça e huũ sombreiro prto. E huũ deles lhe deu sombreiro de penas de aves compridas cõ huũa copezinha pequena de penas vermelhas e pardas como a de papagayo e outro lhe deu huũ rramal grande de comtinhas brancas meudas que querem parecer de aljaauveira as quaaes peças creo que o capitam manda a vossa alteza e com isto se volveo aas naaos por seer tarde e nom poder deles aver mais fala por aazo do mar.

a noute segujnte ventou tamto sueste cõ chuvaceiros que fez caçar as naaos e especialmente a capitana. E aa sesta pola manhaã as biij oras pouco mais ou menos per conselho dos pilotos mandou o capitam levantar amcoras e fazer vela e fomos de lomgo da costa com os batees e esquifes amarados per popa comtra o norte pera veer se achavamos alguũa abrigada e boo pouso omde jouvesemos pera tomar agoa e lenha, nom por nos ja mjmguar mas por nos acertamos aquy.

e quamdo fezemos vela seriam ja na praya asentados jumto cõ o rrio, obrra de 1x ou 1xx homeẽs que se jumtaram aly poucos e poucos/ fomos de lomgo e mandou o capitam aos navios peq̃nos que fosem mais chegados aa terra e que se achasem pouso seguro pera as naaos que amaynassem.

E seendo nos pela costa obra de x legoas domde nos levantamos acharam os ditos

navios peq͂ nos huũ arrecife com huũ
porto dentro muito boo e muito seguro
com huũa muy larga entrada e meteramse
dentro e amaynaram. e as naaos arribaram
sobre eles. e huũ pouco amte sol posto
amaynarom obra de huũa legoa do arrecife
e ancoraramse em xj braças.

e seendo Afonso Lopes nosso piloto em
huũ daqueles navjos pequenos per mandado
do capitam por seer homẽ vyvo e deestro
per jsso meteose loguo no esquife a somdar
o porto demtro e tomou em huũa almaadia
dous daqueles homeẽs da terra mancebos
e de boos corpos. e huũ deles trazia huũ
arco e bj ou bij seetas e na praya amdavam
mujtos cõ seus arcos e seetas e nom lhe
aprouveitaram./ trouveos logo ja de noute
ao capitam omde foram recebidos com
muito prazer e festa.

a feiçam deles he seerem pardos maneira
de avermelhados de boõs rrostros e boos

narizes bem feitos. – amdam nuus sem nhuũa cubertura. nem estimam nhuũa coussa cobrir nem mostrar suas vergonhas. e estam acerqua disso com tamta jnocemcia como teem em mostrar o rrosto./ traziam ambos os beiços de baixo furados e metidos por eles senhos osos de oso bramcos de compridam de huũa mão travessa e de grosura de huũ fuso de algodam e agudos na põta coma furador. metẽnos pela parte de dentro do beiço e o que lhe fica amtre o beiço e os dentes he feito coma rroque de enxadrez. e em tal maneira o trazem aly emcaxado que lhes nom da paixã nem lhes torva a fala nem comer nem beber.

os cabelos seus sam coredios e andavã trosqujados de trosquya alta mais que de sobre pemtem de boa gramdura e rrapados ataa per cjma das orelhas. e huũ deles trazia per baixo da solapa de fonte a fonte pera detras huũa maneeira de cabeleira de penas de ave amarela que seria de compridam de huũ couto. muy basta e muy çarada que lhe cobria o toutuço e as orelhas. a qual amdava pegada nos cabelos pena e pena com huũa comfeiçam branda coma cera e nõ no era. de maneira que amdava a cabeleira muy rredomda e muy basta e muy jgual que no fazia mjngoa mais levajem pera a levantar.

o capitaam quando eles vieram estava asentado em huũa cadeira e huũa alcatifa aos pees por estrado e bem vestido cõ huũ colar de ouro muy grande ao pescoço. e Sancho de Toar e Simam de Miranda e Njcolaao Coelho e Aires Corea e nos outros que aquy na naao cõ ele himos asentados no chão per esa alcatifa./ acemderam tochas e emtraram e nõ fezeram nhuũa mençam de cortesia nem de falar ao capitam nem a njinguem. pero huũ deles pos olhos no colar do capitam e começou de acenar cõ a mão pera a terra e despois pera o colar como que nos dezia que avia em terra ouro e tambem vio huũ castiçal de prata e asy meesmo acenava pera a terra e entã pera o castiçal como que avia tambem prata.

mostrarãlhes huũ papagayo pardo que aquy o capitam traz./ tomãrano logo na mão e acenaram pera a terra como que os avia hy./ mostraranlhes huũ carneiro no fezeram dele mençam. mostraranlhes huũa galinha casy aviam medo dela e no lhe queriam poer a mão e depois aa tomaram coma espamtados.

deranlhes aly de comer pam e pescado cozido. confejtos fartees mel e figos pasados. nõ quiseram comer daquilo casy nada e alguũa coussa se aprovavans lamçavãna logo fora.

trouveranlhes vinhos per hua taça. poseranlhe asy a boca tã malaues e nõ gostarã dele nada nem o quiseram mais/ trouveramlhes agoa per huũa albarada tomaram dela senhos bocados e nõ beberam. sõm^{te} lavarã as bocas e lamçaram fora.

Vio huũ deles huũas contas de rrosairo brancas. acenou que lhas desem e folgou muito com elas e lançouas ao pescoço e depois tirouas e enbrulhouas no braço e acenava pera a terra e entã pera as contas e pera o colar do capitam como que dariam ouro por aquilo.

Isto tomavamonos asy polo desejarmos/ mas se ele queria dizer que levaria as contas e mais o colar. jsto nom querjamos emtender porque lho nõ aviamo de dar e despois tornou as contas a quem lhas deu e entã estiraranse asy de costas na alcatifa a dormir sem teer nhuũa maneira de cobrirem suas vergonhas as quaaes nõ herã fanadas e as cabeleiraas delas bem rrapadas e feitas./ o capitã lhes mandou poer aas cabeças senhos coxijs e o da cabeleira procurava assaz polla nõ quebrar e lançarãlhes huũ manto e cjma eles cõsentiram e jouveram e dormiram.

ao sabado pola manhaã mandou o capitã fazer vella e fomos demandar a emtrada a qual era muy largua e alta de bj bij braças e entraram todalas naaos demtro e amcoraramse em b bj braças/ a qual amcorajem demtro he tam grande e tã fremosa e tam segura que podem jazer dentro neela mais de ij^e navjos e naaos. e tamto que as naaos foram pousadas amcoradas vieram os capitaães todos a esta naao do capitam moor e daquy mandou o capitã a Njcolaao Coelho e Bertolameu Dijz que fossem em terra e levasem aqueles dous homeẽs e os lexasem hir com seu arco e seetas. aos quaes mãdou dar senhas camisas novas e senhas carapuças vermelhas e dous rrosairos de contas brancas de oso que eles levavam nos braços e senhos cascavees e senhas canpainhas. e mandou cõ eles pera ficar la huũ mancebo degredado criado de dom Joham Teelo a q̃ chamã Afonso Rribeiro pera ambar la com eles e saber de seu vjver e maneira e a my mandou que fose cõ Njcolaao Coelho.

   fomos asy de frecha djreitos aa praya/ aly acodiram logo obra de ij^e homees todos nuus e cõ arcos e seetas nas maãos./ aqueles que nos levavamos aceneramlhes que se afastasem e posesem os arcos e eles os poseram e nom se afastavam muito./ abasta que poseram seus arcos e emtam sairam os que nos levavamos e o mancebo degradado cõ eles, os quaaes asy como sairã nom pararam mais nem esperava huũ por outro se nõ a quem maiss coreria e pasarã huũ rrio que per hy core d'agoa doce de mujta agoa que lhes dava pela braga e outros mujtos cõ eles e foram asy coredo aalem do rrio antre huũas moutas de palmas onde estavam outros e aly pararon e naquilo foy o degredado com huũ homẽ que logo ao sair do batel ho agasalhou e levouo ataa la e logo ho tornaram a nos e com ele vieram os outros que nos levamos os quaaes vijnham ja nuus e sem carapuças.

E entam se começaram de chegar mujtos e emtravam pela beira do mar pera os batees ataa que mais nom podiam e traziam cabaços d'agoa e tomavã alguũs barijs que nos levamos e emchianos d'agoa e trazianos aos batees.

nõ que eles de todo chegasem a bordo do batel. mas junto cõ ele lançavāno da mão e nos tomavamolos e pediam que lhes desem alguũa coussa./ levava Njcolaao Coelho cascavees e manjlhas e huũs dava huũ cascavel e a outros huũa manjlha de maneira que com aquela emcarna casy nos queriam dar a mão. Davānos daqueles arcos e seetas por sonbreiros e carapuças de linho e por qualq̃r coussa que lhes home queriã dar.

daly se partirã os outros dous mancebos que nom os vimos mais.

amdavam aly mujtos deles ou casy a maior parte, que todos traziam aqueles bicos de oso nos beiços e alguũs que amdavam sem eles traziam os beiços furados e nos buracos traziam huũs espelhos de paao que pareciam espelhos de boracha e alguũs deles traziam tres daqueles bicos. s. huũ na metade e os dous nos cabos. e amdavam hy outros quartejados de cores. s. deles a meetade da sua propria cor e a meetade de timtura negra maneira de azulada e outros quartejados de escaques./ aly amdavam antre eles tres ou quatro moças bem moças e bem jentijs com cabelos mujto pretos comprjdos pelas espadoas e suas vergonhas tam altas e tã çaradinhas e tam limpas das cabeleiras que de as nos mujto bem olharmos nõ tinhamos nhuũa vergonha aly por emtam nom ouve mais fala ne emtendimento cõ eles por a berberja deles seer tamanha que se nom emtendia nem ouvja njnge./ açenamoslhe que se fosem e asy o fezeram e pasaranse aalem do rrio e sairã tres ou quatro homeẽs nosos dos batees e emcherã nõ sey quantos barrijs d'agoa que nos levavamos e tornamonos aas naaos./ e em nos asy vijndo acenarãnos que tornasemos./ tornamos e eles mandarom o degredado e nom quiseram que ficasse la cõ eles./ o qual levava huũa bacia pequena e duas ou tres carapuças vermelhas pera darla ao S^{or} se o hy ouvese./ nõ curarã de lhes tomar nada e asy o mandaram com tudo e entam Bertolameu Dijz o fez outra vez tornar que lhes dese aquilo. e ele tornou e deu aquilo ẽ vista de nos aaquele que o da prim^a agasalhou e enteam veosse e trouvemolo.

este que o agasalhou era ja de dias e amdava todo por louçaynha cheo de penas pegadas pelo corpo que parecia asseetado coma Sam Sabastiam. outros traziã carapuças de penas amarelas e outros de vermelhas e outros de verdes. e hũa daquelas moças era toda timta do fumdo acjma daquela timtura a qual certo era tã bem feita e tam rredomda e sua vergonha que ela no tijnha tam graciossa que a mujtas molheres de nossa terra vendolhe taaes feições fezera vergonha por nom teerem a sua come ela./ nhuũ deles nõ era fanado mas todos asy coma nos e com jsto nos tornamos e eles foramsse

    aa tarde sayo o capitã moor ẽ seu batel cõ todos nos outros e com os outros capitaães das naaos em seus batees a folgar pela baya a caram da praya mas njmguem sayo em terra polo capitã nom querer sem embargo de njmguem neela estar./ soomente sayo eles com todos em huũ jlheeo grande que na baya esta que de baixamar fica muy vazio pero he de todas partes cercado d'agoa que nõ pode njmguem hir a ele sem barco ou a nado./ aly folgou ele e todos nos outros bem hua ora e mª e pescaram hy amdando marinheiros cõ huũ chimchorro e matarom pescado meudo nõ mujto. e entã volvemonos aas naaos ja bẽ noute.

ao domjngo de pascoela pola manhaã detremjnou o capitam de hir ouvir misa e preegaçam naquele jlheeo. e mandou a todolos capitaães que se corejesem nos batees e fosem cõ ele asy foy feito./ mandou naquele jlheeo armar huũ esperavel e dentro neele alevantar altar muy bem coregido e aly com todos nos outros fez dizer a misa a qual dise o padre frey Amrique em voz entoada e oficiada cõ aquela meesma voz pelos outros padres e sacerdotes que aly todos heram./ a qual misa segundo meu parecer foi ouvida per todos cõ mujto prazer e devaçom.

aly era com o capitam a bandeira de Cristo com que sayo de Belem a qual esteve senpre alta aa parte do avamjelho.

acabada a misa desvestiosse o padre e posese em huũa cadeira alta e nos todos lamçados per esa area e preegou huũa solene e proveitosa preegaçom da estorea do avamjelho. e em fim dela trautou de nossa vijnda e do achamento desta terra cõformandose cõ o sinal da cruz so cuja obediencia vijmos a qual veo mujto a preposito e fez muita devaçom.

em quanto estevemos aa misa e aa pregaçom seriã na praya out[a] tanta gente pouco mais ou menos como os de omtem cõ seus arcos e seetas os quaaes amdavam folgando e olhandonos e aseẽtararamse. e depois de acabada a misa aseẽtados nos aa pregaçom alevantaramse mujtos deles e tanjeram corno ou vozina e começaram a saltar e dançar huũ pedaço. e alguũs deles se metiam em almaadias duas ou tres que hy tijnham as quaaes nõ sam feitas como as que eu ja vy. soom^te sam tres traves atadas jumtas e aly se metiam iiij ou b ou eses que queriam nõ se afastando casy nada da terra se nõ quanto podiam tomar peẽ./ acabada e pregaçõ moveo o capitã e todos pera os batees cõ nosa bandeira alta.

e enbarcamos e fomos asy todos contra a terra pera pasarmos ao longo per onde eles estavam hjndo Bertolameu Dijz em seu esquife per mãdado do capitam diamte cõ huũ paao de huũa almadia que lhes o mar levara pera lho dar e nos todos obra de tiro de pedra tras ele.

como eles viram ho esquife de Bertolameu Dijz chegarãse logo todos e agoa metendose neela ataa onde mais podiam, acenaranlhes que posesem os arcos e mujtos deles os hiam logo poer e terra e outro os nõ punham.

amdava hy huũ que falava mujto aos outros que se afastasem mas nõ ja que ma my parecese que lhe tijnham acatamẽto n ẽ medo/ este que os asy amdava afastando trazia seu arco e seetas e amdava tjmto de timtura vermelha pelos peitos e espadoas e pelos quadrijs coxas e pernas ataa baixo. e os vazios com a barriga e estamego era da sua propria cor e timtura era asy vermelha que a agoa lha nã comya nem desfazia/ ante quando saya da agoa era mais vermelho.

sayo huũ homẽ do esquife de Bertolameu Dijz. e andava antre eles sem eles emtenderem nada neele quanta pera lhe fazerem mal. se nõ quãto lhe davam cabaaços de agoa e acenavã aos do esquife que saisem em terra.

cõ jsto se volveo Bartolameu Dijz ao capitam e viemonos aas naaos a comer tanjendo tronbetas e gaitas sem lhes dar mais apresam e eles tornaramse a asentar na praya E asy por entam ficarã.

neeste jlheo omde fomos ouvir misa e preegaçã espraya muito a agoa e descobre mujta area e mujto cascalhaao, forã alguũs em nos hy estãdo buscar mariscos e nõ no acharom. e achará alguũs camaroões grosos e curtos./ amtre os quaaes. vijnha huũ mujto grande camarã e muito grosso que em nhuu tempo o vy tamanho. tambem acharom cascas de bergoões e de ameijeas mas nõ toparã cõ nhuũa peça jnteira.

e tamto que comemos vieram logo todolos capitaães a esta naao per mandado do capitã moor com os quaaes se ele apartou e eu na companhia e preguntou asy a todos se nos parecia seer bem mandar a nova do achamento desta terra a vosa alteza pelo navio dos mantijm^{tos} pera a milhor mãdar descobrir e saber dela mais do que agora nos podiamos saber por hirmos de nosa viajem.

e antre mujtas falas que no caso se fezeram foy per todos ou a mayor parte dito que seria mujto bem. e njsto concrudiram./ e tamto q̃ a concrusam foy tomada. pregumtou mais se seria boo tomar aquy per força huu par destes homeẽs. para os mandar a vossa alteza. e leixar aquy por eles outros dous destes degredados.

a esto acordaram que nõ era necesareo tomar per força homeẽs. porque jeeral costume era dos que asy levavom per força pera algũa parte dizerem que ha hy todo o que lhe pregutam./ e que mjlhor e muito mjlhor enformaçom da terra dariam dous homeẽs destes degredados que aquy leixasem. do que eles dariam se os levasem por seer jente que njmguem emtende nem eles tam cedo aprederiam a falar pera os sabere tam bem dizer que mujto mjlhor ho estoutros nom digam quando ca vosa alteza mandar. e que portanto nom curasem aquy de per força tomar njmguem nem fazer escandolo pera os de todo mais amãsar e apaceficar./ se nom soom^te leixar aquy os dous degradados quando daquy partisemos.

e asy por milhor parecer a todos ficou detremjnado/./ acabado jsto. dise o capitam que fosemos nos batees em terra e veersia bem o rrio quejando era. e tambem para folgarmos.

fomos todos nos batees em terra armados e a bandeira cõ nosco./ eles amdavam aly na praya aa boca do rrio omde nos hiamos e ante que chegasemos./ do emsino que dantes tijnham poseram todos os arcos e acenavam que saisemos e tanto que os batees poserã as proas em terra pasarãse logo todos aalem do rrio o qual nõ he mais ancho que huũ jogo de manqual e tanto que os batees poserã as proas em terra pasarãse logo o rrio e foram antrelles./ e alguũs aguardavam e outros se afastavam. pero era a cousa de maneira que todos amdavam mesturados./ eles davam deses arcos com suas seetas por sonbreiros e carapuças de linho e por quallqr cousa que lhes daam.

pasaram aalem tamtos dos nosos e amdavam assy mesturados cõ eles. que eles se esquijvam e afastavamse e hianse deles pera acjma onde outros estavam.

e entã o capitam fezese tomar ao colo de dous homeẽs e pasou o rrio e fez tornar todos./ a jente que aly era nõ serja mais ca aquela que soya./ e tanto que o capitã fez tornar todos vieram alguũs deles a ele nõ polo conhecerẽ por S.ᵒʳ ca me parece que nõ entendem ne tomavaã djsso conto mas porque a jente nossa pasava ja pera aquem do rrio.

aly falavã e traziam mujtos arcos e contjnhas daquelas ja ditas e rresgatavã por qualqr cousa. em tal maneira que trouveram daly pera as naaos mujtos arcos e seetas e comtas.

e entam tornouse o capitam aaquem do rrio e logo acodirã mujtos aa beira dele.

aly verjees galantes pimtados de preto e vermelho e quartejados asy pelos corpos como pelas pernas. que çerto pareciam asy bem.

tambem andavam antre eles iiij ou b molheres moças asy nuas que nom pareçiam mal. antre as quaaes amdava huũa com huũa coxa do giolho ataa o quadril e a nadega toda tjnta daquela tintura preta e o al. todo da sua propria cor outra trazia anbolos giolhos cõ as curvas asy timtas e tambem os colos dos pees. e suas vergonhas tam nuas e com tamta inocencia descubertas que nõ avia hy huũa vergonha.

tambem andava hy outra molher moça com huũ menjno ou menina no colo atado com huũ pano nõ sey de que aos peitos. que lhe nõ parecia se nõ as pernjnhas./ mas as pernas da may e o al nõ trazia nhuũ pano.

e depois moveo o capitam pera cjma ao longo do rrio que anda senpre a caram da praya e aly esperou huũ velho que trazia na maão huũa paa de almaadia./ falou estãdo o capitã com ele perante nos todos sem o nuca njnguem emtender nem ele a nos quanta cousas que lo homẽ pregumtava de ouro que nos desejamos saber se o avia na terra.

trazia este velho o beiço tam furado que lhe caberja pelo furado huũ gram dedo polegar e trazia metido no furado huũa pedra verde rroim que çarava per fora buraco e o capitã lha fez tirar e ele nõ sey que diaabo falava e hia cõ ela pera a boca do capitam pera lha meter./ estevemos sobreisso huũ pouco rrijmdo e entam enfadouse o capitã e leixouo. e huũ dos nosos deulhe pola pedra huũ sonbreiro velho nõ por ela valer algua coussa. mas por mostra. e despois a ouve o capitam. creo per cõ as outras cousas a mandar a vossa alteza.

amdamos per hy veendo a rribeira a qual he de muita agoa e mujto boa./ ao longo dela ha mujtas palmas nõ muito altas em que ha muito boos paalmjtos. colhemos e comemos deles mujtos./ entã tornouse o capitã per abaixo pera a boca do rrio onde desenbarcamos e aalem do rrio amdavã mujtos deles damçando e folgando huũs antre outros sem se tomarem pelas maãos e faziãno bem./ pasouse emtam aalem do rrio Diego Dijz alx[e] que foy de Sacavens que he homẽ gracioso e de prazer e levou comsigo huũ gayteiro noso cõ sua gaita.

e meteose cõ eles a dançar tomandoos pelas maãos e eles folgavam e rriam e amdavam cõ ele muy bem ao soõ da gaita. despois de dançarem fezlhe aly amdando no chaão mujtas voltas ligeiras e salto rreal de que se eles espantavam e rriam e folgavã mujto. e com quanto os cõ aquilo muito segurou e afaagou. tomavam logo huũa esqujveza coma monteses e foranse pera cjma.

E entã o capitã pasou o rrio cõ todos nos outros e fomos pela praya de longo himdo os batees asy a caram de terra e fomos ataa huũa lagoa grande d'agoa doce que esta jumto com a praia porque toda aquela rribeira do mar he apaulada per cjma e say a agoa per mujtos lugares.

e depois de pasarmos o rrio foram huũs bij ou biij deles amdar antre os marinheiros que se recolhiã aos batees e levaram daly huũ tubaram que Bertolameu Dijz matou e levavalho e lançouo na praya.

abasta que ataa aquy como quer que se eles em alguũa parte amansasem logo de huũa mão pera a outra se esqujavam como pardaaes de cevadoiro e homẽ nom lhes ousa de falar rrijo por se mais nom esquivarem e todo se pasa como eles querem polos bem amansar.

ao velho cõ que o capitam falou deu huũa carapuça vermelha e com toda a fala que cõ ele pasou e com a carapuça que lhe deu. tanto que se espedio que começou de pasar o rrio. foise logo rrecatando. e nõ qujs mais tornar do rrio pera aquem.

os outros dous que o capitã teve nas naaos a que deu o que ja dito he. numca aqui mais pareceram. de que tiro seer jente bestial e de pouco saber e por ysso sam asy esqujvos./ eles porem cõ tudo andam mujto bem curados e mujto limpos e naquilo me parece ajmda mais que sam coma aves ou alimareas monteses que lhes faz hoaar mjlhor pena e mjlhor cabelo que aas mansas./ porque os corpos seus sam tam limpos e tam gordos e tam fremosos que nõ pode mais seer. e jsto me faz presumir que nõ teem casas ne moradas em que se colham e o aar a que se criam os faz taaes./

ne nos ajnda ataa agora nom vimos nhuũas casas nem maneiras delas.

mandou o capitã aaquele degredado Afonso Rribeiro que se fosse outra vez com eles. o qual se foy e andou la huũ boõ pedaço e aa tarde tornou-se que o fezerã vijr e nõ o quiseram la consemtir e derãlhe arcos e seetas e nõ lhe tomarã nhuũa cousa do seu./ ante dise ele que lhe tomara huũ deles huũas continhas amarelas que ele levava e fogia cõ elas e ele se queixou e os outros foram logo apos ele e lhas tomaram e tornaranlhas a dar e emtam mãdarão vijr./ dise ele que nõ vira la antre eles se nõ huũa choupanjnhas de rrama verde e de feeitos mujto grandes coma de Amtre Doiro e Mjnho.

e asy nos tornamos aas naaos ja casy noute a dormjr.

aa segunda feira depois de comer saimos todos ẽ terra a tomar agora./ aly vieram emtam mujtos. mas nõ tamtos coma as outras vezes e traziã ja muito poucos arcos e esteverã asy huũ pouco afastados de nos. e despois poucos e poucos mesturaranse cõnosco. e abraçavãnos e folgavam e alguũs deles se esqujvavam logo.

aly davam alguus arcos por folhas de papel e por algua carapucinha velha e por qualq̃r cousa E em tal maneira se pasou a cousa que bem xx ou xxx pesoas das nosas se forã cõ elles onde outros mujtos deles estavam com moças e molheres e trouveram dela muitos arcos e baretes de pena de aves dele verdes e deles amarelos de que creo que o capitam ha de mãdar amostra a vossa alteza.

e segundo deziam eses que la foram folgavam com eles./ neeste dia os vimos de mais perto e mais aa nosa vontade por andarmos todos casy mesturados E aly deles andavam daquelas timturas quartejados outros de meetades outros de tanta feiçam comã ẽ panos de armar e todos com os beiços furados e muitos cõ os osos neeles e deles sem osos.

traziã alguũs dels huũs ourjços verdes de arvores que na cor querjam parecer de castinheiros se nõ quanto herã mais e mais pequenos e aqueles herã cheos de huũs graãos vermelhos pequenos. que esmagandoos entre os dedos fazia timtura muito vermelha da que eles amdavam timtos e quanto se mais molhavã tanto mais vermelhos ficavam.

todos andam rrapados ataa acjma das orelhas. e asy as sobrancelhas e pestanas.

trazem todos as testas de fomte a fomte timtas da timtura preta que parece huũa fita preta anche de dous dedos.

E o capitã mandou aaquele degredado Afonso Rribeiro e a outros dous degredados que fosem amdar la entre eles e asy a Diogo Dijz por seer homẽ ledo com que eles folgavam. e aos degredados mandou que ficassem la esta noute.

Foramse la todos e andaram antre eles e segundo eles deziam foram bem huũa legoa e meia a huũa povo raçom de casas em que averja ix ou x casas as quaaes deziã que erã tam conpridas cada huũa come esta naao capitana. e herã de madeira e das jlhargas de tavoas e cubertas de palha de rrazoada altura e todas em huũa soo casa sem nhuũ rrepartimento tijnham de dentro mujtos esteos e de esteo a esteo huũa rrede atadaa pelos cabos e cada esteo altas em que dormjam e debaixo pera se aquentarem faziam seus fogos e tijnha cada casa duas portas pequenas huũa e huũ cabo e outra no outro.

e deziam que em cada casa se colhiam xxx ou R pessoas e que asy os achavam e que lhes davam de comer daquela vianda que eles tijnham. s. mujto jnhame e outras

sementes que na terra ha q̃ eles comem. e
como foy tarde fezerãnos logo todos tornar
e nom quiseram que la ficasse nhuũ e ajnda
segundo eles deziam queriãse vijr cõ eles./
rresgataram la por cascavees e por outras
cousinhas de pouco valor q̃ levavã papagayos
vermelhos mujto grandes e fremosos. e
dous verdes pequenjnos e carapuças de penas
verdes e huũ pano de penas de mujtas cores
maneira de tecido asaz fremoso seg° vossa
alteza toda estas cousas vera porque o capitã
volas ha de mandar seg° ele dise. e com jsto
vieram. e nos tornamonos aas naao.

 aa terça feira depois de comer fomos ẽ
terra dar guarda de lenha e levar rroupa./
estavam na praya quando chegamos obra
de 1x ou 1xx sem arcos e sem nada./ tamto
que chegamos vieram-se logo pera nos
sem se esqujvarem./ e depois acodiram
mujtos que seriam bem ij[e] todos sem arcos./
e mesturaramse todos tanto comnosco

que nos ajudavam deles aa caretar lenha e meter nos batees e lujtavam cõ os nossos e tomavam mujto prazer.

E em quanto faziamos a lenha. faziam dous carpenteiros huũa grande cruz de huũ paao que se omtem pera ysso cortou.

mujtos deles vijnham aly estar cõ os carpenteiros e creo que o faziã mais por veerem a faramenta de ferro com q̃ a faziã q̃ por veerrem a cruz porque eles nõ teem cousa que de fero seja e cortam sua madeira e paaos com pedras feitas coma cunhas metidas em huũ paao entre duas talas muy bem atadas e per tal maneira que andam fortes seg° os homeẽs que omtem a suas casas deziam porque lhas viram la. era ja a comversaçam deles comnosco tanta que casy nos torvavam ao que aviamos de fazer.

E o capitã mandou a dous degredados e a Diogo Dijz que fosem la a aldea e a outras se ouvesem delas novas ẽ q̃ e toda maneira nõ se viesem a dormir aas naos ajnda que os eles mandasem e asy se forã./ em quanto andavamos neesa mata a cortar a lenha atravesavam alguũs papagayos per esas arvores deles verdes e outros pardos grandes e pequenos de maneira que me parece que avera neesta terra mujtos pero eu nom veria mais ataa ix ou x. outras aves entã nom vimos somente alguũas ponbas seixas e parecerãme mayores em boa camtidade ca as de Portugal. alguũs deziã que virã rrolas mas eu nõ as vy mas segundo os arvoredos sam muy mujtos e d'jmfindas maneiras nõ dovido que per ese sartaão ajam mujtas aves.

E acerqua da noute nos volvemos pera as naaos com nossa lenha.

creo Sñor que nõ dey ajnda aquy conta a vossa alteza da feiçam de seus arcos e seetas./ os arcos sam pretos e conpridos e as seetas cõpridas e os feros delas de canas aparadas segundo vossa alteza vera per alguūs que creo que o capitã ha d'emvjar.

aa quarta feira nõ fomos em terra porque o capitam andou todo o dia no navjo dos mantimetos a despejalo e fazer levar aas naaos jsso que cada huūa podia levar./ eles acodiram aa praya mujtos segundo das naaos vimos que seriam obra de iij^e segundo Sancho de Tovar que la foy dise.

Diego Dijz e Afonso Rribeiro o degredado a que o capitã omtem mandou que em toda maneira la dormisem volveramse ja de noute por eles nom quererem que la dormisem e trouverã papagayos verdes e outras aves pretas casy como pegas se nõ quãto tijnham o bico bramco e os rrabos curtos.

e quãdo se Sancho de Tovar rrecolheo aa naao querianse vijr cõ ele alguūs mas ele nõ qujs se nõ dous mãcebos despostos e homeẽs de prol./ mandouos esa noute muy bem pemsar e curar e comeram toda vianda que lhes deram e mandoulhes fazer cama de lençooes segundo ele disse e dormjram e folgaram aquela noute e asy nõ foy mais este dia que pera screpver seja.

aa qujnta feira deradeiro d'abril comemos logo casy pola manhaã e fomos em terra por mais lenha e agoa e em querendo o capitam sair desta naao chegou Sancho de Tovar com seus dous ospedes e por ele nõ teer ajnda comjdo poseranlhe toalhas e veolhe vianda e comeo./ os ospedes asentarãnos em senhas cadeiras e de todo o que lhes deram comeram muy bem. especialmente lacam cozido frio e arroz. nõ lhes deram vinho por Sancho de Tovar dizer que o nõ bebiam bem.

acabado o comer metemonos todos no batel e eles cōnosco./ deu huũ gromete a huũ deles huũa armadura grande de porco montes bem rrevolta e tamto que a tomou meteoa logo no beiço e porque se lho nõ queria teer derãlhe huũa pequena de cera vermelha e ele corejelhe detras seu aderemço para se teer e meteoa no beijo asy rrevolta pera cjma e vijnha tam comtente com ela como se tevera huũa grande joya./ e tamto que saymos em terra foise logo cõ ela que nõ pareceo hy mais.

andariam na praya quãdo saymos biij ou x deles e dhi a pouco comecaram de vijr. e pareme que vijnriam este dia aa praja iiij^e ou iiij^e l./ traziã alguũs deles arcos e seetas e todolos deram por carapuças e por quallq̃r cousa que lhes davam./ comiam cõnosco do q̃ lhes davamos e bebiam alguũs deles vinho e outros o nõ podiam beber mas pareceme que se lho avezarem que o beberam de boa vontade.

andavã todos tam despostos e tam bem feitos e galamtes cõ suas timturas que pareciam bem./ acaretavam desa lenha quanta podiam com muy boas vontades e levavāna aos batees e amdavam ja mais mansos e seguros antre nos do que nos amdavamos antre eles.

foy o capitã com alguūs de nos huū per este arvoredo ataa huūa rribeira grande e de muita agoa que a noso parecer era esta mesma que vem teer aa praya em que nos tomamos agoa.

aly jouvemos huū pedaço bebendo e folgamdo ao longo dela antre ese arvoredo que he tamto e tamanho e tam basto e de tamtas prumajeēs que lho nõ pode homẽ dar comto. ha antre ele mujtas palmas de que colhemos mujtos e boos palmjtos.

quando saymos do batel disse o capitã que serja boo hirmos dereitos aa cruz q̃ estava emcostada ahuūa arvore junto cõ o rrio pera se poer de manhaã que he sesta feira e que nos posesemos todos em giolho e a beijasemos pera eles veerem ho acatamento que lhe tijnhamos. e asy o fezemos./ E eses x ou xij que hy estavam acenaramlhes que fezesem asy e foram logo todos beijala.

pareceme jemte de tal jnocencia que se os home emtendese a eles a nos. que seriam logo cristaãos porque eles nõ teem nem emtendem em nhuũa creemça segundo parece.

E por tamto se os degredados que aqui am de ficar. aprenderem bem a sua fala e os emtenderem./ nom dovjdo segundo a santa tençam de vossa alteza fazeremse cristaãos e creerem na nossa samta fe. aa qual praza a nosso S^{or}. que os traga./ porque certo esta jente he boa e de boa sijnprezidade.

e enpremarsea ligeiramẽte neeles qualq̃r crunho que lhes quiserem dar e logo lhes nosso S^{or}. deu boos corpos e boos rrostos coma a boos homeẽs. e ele que nos per aquy trouve creo que nom foy sem causa.

 e por tanto vossa alteza pois tamto deseja acrecentar na santa fe catolica. deve emtender em sua salvaçam e prazera a Deus que com pouco trabaalho sera asy.

 eles nõ lavram nem criam nem ha aquy boy nem vaca nem cabra nem ovelha nem galinha nem outra nhuūa alimarea que costumada seja ao viver dos homeẽs n ẽ comẽ se non dese jnhame que aquy ha mujto e desa semente e frutas que a terra e as arvores de sy lançam. e com jsto andam taaes e tam rrijos e tã nedeos. que o nõ somosnos tam com quanto trigo e legumes comemos.

 em quanto aly este dia amdaram senpre ao soõ de huū tanbory nosso dançarã e bailharã cõ os nosos./ e maneira que sam mujto mais nosos amjgos que nos seus.

 se lhes home acenava se queriã vijr aas naaos fazianse logo prestes pera jso e tal maneira que se os home todos quisera comvidar./ todos vieram. porem nõ trouvemos esta noute aas naaos se nõ üij ou b. s.

o capitã moor dous e Simã de Miranda huũ que trazia ja por paje e Aires Gomez outro asy paje.

os que o capitam trouuve era huũ deles huũ dos seus ospedes que aa primeira quando aquy chegamos lhe trouverã. o qual veo oje aquy vestido na sua camisa e cõ ele huũ seu jrm'ao os quaaes forã esta noute muy bem agasalhados asy de vianda como de cama de colchoões e lençooes polos mais amansar.

E oje que he sesta feira primeiro dia de mayo pola manhaã saymos em terra cõ nossa bandeira e fomos desenbarcar acjma do rrio contra o sul onde nos pareceo que serja mjlhor chantar a cruz pera seer milhor vista. e aly asijnou o capitã onde fezesem a cova para a chantar.

E em quanto a ficarã fazendo./ ele com todos nos outros fomos pola cruz abaixo e sacerdotes diante cantãdo maneira de precisam.

herã ja hy alguũs deles obra de 1xx ou 1xxx e quanto nos asy virã vijr/ alguũs deles se forã meter debaixo dela ajudarnos./ passamos o rrio ao longo da praya e fomola poer onde avia de seer que sera do rrio obra de dous tiros de besta./ aly andando nysto vijnjram bem cl ou mais.

chentada a cruz cõ as armas e devisa de vossa alteza que lhe primeiro pregarom armarom altar ao pee dela./ aly dise misa o padre frey Amrique a qual foy camtada e ofeciada per eses ja ditos./ aly esteveram cõnosco a ela obra de 1 ou 1x deles asentados todos em giolhos asy coma nos.

e quãdo veo ao avamjelho que nos erguemos todos ẽ pee cõ as maãos levantadas. eles se levantaram cõnosco e alçarom as

maãos. estando asy ata seer acabado./ e
entam tornaramse a asentar coma nos.

E quando levantarom a Deus que nos
posemos em giolhos. eles se poserã todos
asy coma nos estavamos cõ as maãos
levantadas. e em tal maneira asesegados que
certefico a vossa alteza que nos fez mujta
devaçom.

esteverã asy cõnosco ataa acabada
a comunhã. E depois da comunham.
comungaram eses rreligiosos e sacerdotes e
o capitã cõ alguũs de nos outros.

alguũs deles por o sol seer grãde e
nos estando comungando alevantarãsse
e outros esteverã e ficarom./ huũ deles
homẽ de 1 ou 1b anos ficou aly cõ aqueles
que ficaram./ aquele em nos asy estamdo
ajumtava aqueles que aly ficaram e ajnda
chamava outros./ este andando asy antre
eles falando lhes acenou cõ o dedo pera o
altar e depois mostrou o dedo pera o ceeo

coma que lhes dizia alguũa cousa de bem e nos asy o tomamos.

acabada a misa tirou o padre a vestimenta de cjma e ficou na alva e asy se sobio jumto cõ ho altar em huũa cadeira e aly nos preegou do avamjelho e dos apostolos cujo dia oje he trautando ẽfim da preegaçom deste voso prosegujmeto tã santo e vertuoso que nos causou majs devaçam.

eses q̃ aa preegaçã senpre esteveram estavã asy coma nos olhando pera ele./ e aqle que digo chamava alguũs que viesem pera aly.

alguũs vijnhã e outros hiamse e acabada a preegaçom. trazia Njcolaao Coelho mujtas cruzes d'estanho com cruçufiços que lhe ficarom ajnda da outra vijnda e ouverã por bem que lançassem a cada huũ sua ao pescoço./ pola qual cousa se asentou o padre frey Amrique ao pee da cruz e aly ahuũ e huũ lançava sua atada em huũ fio ao pescoço fazendolha primeiro beijar e alevantar as maãos./ vjnha a jsso mujtos e lançarãnas todas que serjam obra de R ou 1./ e jsto acabado era ja bem huũa ora depois de meo dia./ vjemos aas naaos a comer onde o capitã trouve cõsigo aquele meesmo que fez aos outros aquela mostramça pera o altar e pera o ceoo e huũ seu jrmaão com elle ao qual fez mujta homrra e deulhe huũa camisa mourisca e ao outro huũa camisa d'estoutras/ e segundo o que a my e todos pareceo, esta jemte nõ lhes falece outra cousa pera seer toda cristaã ca entenderemos./ porque asy tomavam aquilo que nos viam fazer coma nos meesmos. per onde pareceo a todos que nhuũa jdolatria ne adoraçom teem./ E bem creo que se vossa alteza aquy mandar quem mais antre eles devagar ande, que todos seram tornados ao desejo de vossa alteza./ e pera jsso se alguem vjer nõ leixe logo de vijr clerjgo pera os bautizar porque ja emtã teerã mais conhecimeto de nossa fe pelos dous degredados que aquy antre eles ficaam os quaaes ambos oje também comungaram./ antre todos estes que oje vierã no veo mais que huũa molher moça a qual esteve senpre aa misa. aa qual deram huũ pano cõ que se cobrisse e poserãlho darredor de sy./ pero ao asentar nõ fazia memorea de o mujto estender pera se cobrir./ asy Sñor que a jnocencia desta jemte he tal que a d'Adam nõ seria majs quanta em vergonha.

ora veja vossa alteza quem em tal jnocencia vjve. ensinamdolhes o que pera sua salvaçom perteece. se se cõverteram ou nom.

acabado isto./ fomos asy perante eles beijar a cruz e espedimonos e vjemos comer.

creo Sñor que com estes dous degredados que aquy ficam./ ficam mais dous grometes que esta noute se sairam desta naao no esquife em terra fogidos./ os quaaes nõ vierã majs e creemos que ficaram aquy por q̃ de manhaã prazendo a Deus fazemos daquy nossa partida.

Esta terra Sñor me parece que da ponta q̃ mais cont^a o sul vimos ataa out^a ponta que cont^a o norte vem de que nos deste porto ouvemos vista./ sera tamanha que avera neela bem xx ou xxb legoas per costa./ traz ao lomgo do mar em alguas partes grandes bareiras delas vermelhas e delas bramcas e a terra per cima toda chaã e mujto chea de grandes arvoredos./ de pomta e pomta he toda praya parma mujto chaã e mujto fremosa.

pelo sartaão nos pareceo do mar mujto grande porque a estender olhos nõ podiamos veer se nõ terra e arvoredo que nos parecia muy longa terra.

neela ataa agora nõ podemos saber que aja ouro nem prata nem nhuũa cousa de metal nem de fero. nem lho vjmos./ pero a terra em sy he de mujto boos aares frios e tenperados coma os de Antre Doiro e Minho porque neste tempo d'agora asy os achavamos coma os de la

agoas sam mujtas jumfimdas. E em tal maneira ha graciosa que querendoa aproveitar darsea neela tudo per bem das agoas que tem.

pero o mjlhor fruito que neela se pode fazer me parece que sera salvar esta jemte e esta deve seer a principal semente que vossa alteza em ela deve lamçar.

E que hy nõ ouvesse majs ca tẽer aquy esta pousada pera esta navegaçom de Calecut. abaastaria/ quanto majs desposiçã pera se neela conprir e fazer o q̃ nossa alteza tamto deseja. s. acrecentam^{to} da nosa santa fé./ E neesta maneira Sñor dou aquy a vossa alteza do que neesta vossa terra vy e se aalguũ pouco alomguey. ela me perdoe./ ca o desejo que tijnha de vos tudo dizer mo fez asy poer pelo meudo.

E pois que Sñor he certo que asy neeste careguo que levo como em outrã qualqr coussa que de vosso serviço for vossa alteza ha de ser de my mujto bem servida./ a ela peço que por me fazer simgular merçee mãde vijr da jlha de Sam Thomee Jorge de Osoiro meu jenrro. o que dela rreceberey em mujta merçee.

beijo as maãos de vossa alteza.

deste Porto Seguro da vossa jlha de Vera Cruz oje sesta feira primeiro de mayo de 1500.

PERO VAAZ DE CAMJNHA

Fac-símile da última página da carta

EDIÇÕES
BestBolso

Este livro foi composto na tipologia Minion Pro Regular,
em corpo 13,5/19, e impresso em papel off-set 56g/m² no Sistema
Cameron da Divisão Gráfica da Distribuidora Record.